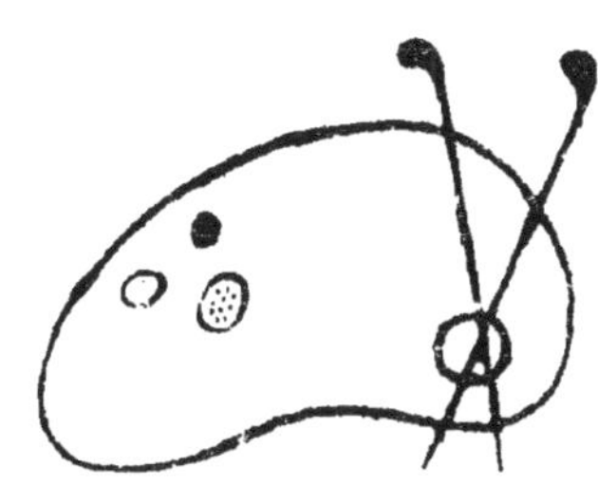

Début d'une série de documents
en couleur

MARTYROLOGE ET CHARTES

DE

L'ABBAYE NOTRE-DAME

DU

JARDIN LEZ PLEURS (MARNE)

Ancien diocèse de Troyes

RECUEILLIS ET MIS EN ORDRE

PAR

M. LÉONCE LEX

ANCIEN ÉLÈVE DE L'ÉCOLE DES CHARTES
ARCHIVISTE DE SAÔNE-ET-LOIRE

TROYES

IMPRIMERIE ET LITHOGRAPHIE DUFOUR-BOUQUOT
Rue Notre-Dame, 41 et 43

—

1885

IMPRIMERIE DUFOUR-BOUQUOT
TROYES

Fin d'une série de documents
en couleur

MARTYROLOGE ET CHARTES

DE

L'ABBAYE NOTRE-DAME

DU

JARDIN LEZ PLEURS (Marne)

Ancien diocèse de Troyes

RECUEILLIS ET MIS EN ORDRE

PAR

M. LÉONCE LEX

ANCIEN ÉLÈVE DE L'ÉCOLE DES CHARTES
ARCHIVISTE DE SAÔNE-ET-LOIRE

TROYES

IMPRIMERIE ET LITHOGRAPHIE DUFOUR-BOUQUOT
Rue Notre-Dame, 41 et 43

1885

MARTYROLOGE ET CHARTES

DE

L'ABBAYE NOTRE-DAME

DU

JARDIN LEZ FLEURS (MARNE)

Ancien diocèse de Troyes

————

Le département des manuscrits de la Bibliothèque nationale conserve deux séries de documents émanés de l'abbaye de Notre-Dame du Jardin lez Fleurs[1], un martyrologe-obituaire et une suite de chartes originales. Ils nous donnent sur ce monastère, auquel les auteurs du *Gallia christiana*[2] n'ont consacré que quelques lignes, des renseignements fort intéressants. On sait que, fondé avant 1229, il cessa d'exister en 1403.

[1] Canton de Sézanne (Marne).
[2] T. XII, col. 534, D.

I

Le martyrologe (lat., n° 5553) est un manuscrit qui vient de la collection d'Antoine Faure, docteur en théologie, mort en 1689. Par son testament, il autorisa l'archevêque de Reims, Charles-Maurice Le Tellier, à choisir parmi ses livres ceux qui lui conviendraient. L'héritier de Faure abandonna le reste en 1701, à la Bibliothèque du Roi : il s'y trouvait 276 manuscrits.

Le petit volume du Jardin a 95 folios. Il mesure 0,22 centimètres de hauteur sur 0,15 de largeur.

Le commencement et la fin manquent.

Incipit : « … *ano imperatore* … (f° 1, r°.) — *Kalendas januarii*… (f° 1, v°.) » — *Explicit :* « *X kal. januarii*… (f° 88, r°.) — *Incipit prologus regulæ sancti Benedicti abbatis*… (f° 88 v°.) »

Il se compose de deux parties bien distinctes. La seconde (f° 46-96) est la plus ancienne; elle date du commencement du xiii° siècle. La première (f° 1-46) est une copie refaite à la fin du xiii° siècle ou au commencement du xiv°, par suite de la détérioration d'une partie du volume. Le f° 46 est lui-même très endommagé.

Au xvii° siècle, on a écrit sur le f° 1 : « Ce martyrologe a autrefoyes servy en l'abbaye des Religieuses du Jardin — *de Jardino*, — ord. de Cisteaux, diocèse de Troyes, laquelle abbaye ayant estée ruinée par les guerres des Anglois soubs le roy Jean, fut érigée en simple prieuré deservy par un religieux dudit ordre, et le revenu de ladicte à l'abbaye de Jouy — *de Joaco Senonensis diœcesis ejusdem ordinis* — [qui] est abbaye de religieux dudit ordre. »

Les marges ont été couvertes de notes diverses qui en faisaient à la fois un martyrologe, un obituaire et un journal. Beaucoup d'entre elles ont été coupées par la reliure. Celles

de la première partie, le scribe n'a malheureusement pas
pu les retranscrire. Nous donnons celles qui sont restées
entières et celles dont les fragments sont encore utilisables.

II

Les chartes originales — au nombre de vingt-cinq —
nous ont été conservées parmi ces précieux documents que
les Bénédictins ont réuni au siècle dernier pour écrire l'histoire des provinces de la France. Elles figurent au tome
151 de la *Collection de Champagne*.

La plus ancienne est de 1235, la plus récente de 1316.

Nous en avons dressé le texte pour l'impression. On verra
que ces actes offrent beaucoup d'intérêt aux érudits qui
étudient le passé des villes et des villages de cette partie de
la Champagne qui constitue la région sézannaise, et qui dé-
pendait de l'ancien diocèse de Troyes.

I. — MARTYROLOGE.

Fo 22, vo. xiiii kal. aprilis.

« Obit [ma]dame Isabel de Sanz qui fut abesse a sete [abbaye]
qui nos donna la crux d'argent por qoi nos li prometons... messes...
tenus vi setiers de blef...... »

Fo 32, vo. x kal. maii.

« Ma dame la beece a sent tens. »

Fo 47, ro. v id. junii.

« O. Deliete de Plaiostro. Duos solidos que nobis ann... os dedit
super domum de Calceia ab opposito Domus Dei pro pictancia. »

Ibid. IIII id. junii.

« O. Johannes miles dominus de Saïleio et domina Renarda uxor ejus. Quorum anniversarium fiat in crastino Sancte Trinitatis. »

Ibid. III id. junii.

« O. Galterus de Puit canonicus Beati Remigii de Paiostro. »

F° 47, v°. III id. junii.

« Garnerus de Lie presbiter. »

Ibid. Id. junii.

« Pro domino Harrico de Plaustro canonico de Sancta Trinitate Cathalensi xx lib. turonensium pro una missa de... »

F° 48, v°. XIII kal. julii.

« O. domina Maria de Gourgançon. — Obiit Helisabeth de Plaiostro uxor domini quondam domini Milonis de Plaisseio. »

F° 49, v°. IX kal. julii.

« ...... [Re]naudi [domini] de sancto Lu[po].... »

F° 50, v°. V kal. julii.

« ...... rus comitis [de Mont]e Forti ...... u faciendo. »

F° 51, v°. VI non. julii.

« Obiit domina Ysabellis de Raineval domina de Congi. Une queue de vin chascun an. »

F° 52, r°. IIII non. julii.

« Obiit domina Helys [conj]ux Johannis Bari [de] Sezannia junior... »

« Obiit nobilis domina Maria comitissa de Brianna mater et sublevatrix ecclesie istius de Jardino. »

F° 52, v°. IV non. julii.

« Obiit domina Maria de Conflanceyo domina de Juilly. Le four de Toulon. »

F° 54, r°. Id. julii.

« Obiit Hugo de Conflans. »

F° 55, v°. Id. julii.

« Eodem die obiit domina Beatrix de Villa Beon pro qua recepimus.... »

Fo 59, ro. vii id. augusti.

« O. Johannes frater abatisse The*ie de Sanz qui dedit huic......
libras pro remedio anime sue. »

. Fo 60, ro. iiii id. aug.

« O. Marg[areta] de Ami[liaco]. »

Ibid. ii id. aug.

« Obiit madame Blanche, duchesse de Bretainne. »

Fo 62, ro. xiii kal. sept.

« Obiit domina d'Oignes ... hujus ... pro qua her... st. bladi ... »

Ibid. xii kal. sept.

« Obiit Agnes domina Ardilleriis. »

Fo 62, vo. xi kal. sept.

« [O. El]isabeth [de] Jardino. »

Fo 63, vo. viii kal. sept.

« ... xⁿ Lo ... nobis ... [L]udovi[cus rex F]rancie ple[nu]s ope-
ribus et ... ite. »

Fo 68, vo. xvi kal. oct.

« [Obiit] Elisabet... Martin. »

Fo 70, vo. viii kal. oct.

« [Obiit] Johanna de [Castriv]illano domina .... »

Fo 71, vo. iii kal. oct.

« [iii kal.] octobris [obiit] Johannes [dominus] d'Ouchi... x lib...
pere. »

Fo 72, vo. v non. oct.

« [Obiit] Helisandis... mulier de... artino pro [qua ha]bemus
terram ... notrum. »

Fo 76, vo. xi kal. nov.

« [Obiit] Beatriz [de Saint] Chéron ... ongeus. »

Fo 79, ro. ii non. nov.

« O. Gar[nerus] de Ric. ... »

F° 81, v°. xv kal. dec.

« [O. M]onss[ignor] Huitace [de Cou]flans signor [de Ma-] reuil. »

F° 83, r°. viii kal. dec.

« O. Bla[ncha re]gina... »

F° 83, v°. iii kal. dec.

« [O. G]alterus de Buxerio et Olauna uxor ejus. »

« [O. co]mitissa domina de Mareuil. xx s. »

F° 84, r°. ii kal. dec.

« Ob. dam... Jehanne de ... nonnains de ... »

F° 85, v°. iiii id. dec.

« Ob. damoiselle Marguerite de Couflans nonnain d'Oregni. »

F° 86, v°. Idus. decemb.

« [O. Ren]audus dictus ad Pri... ses cathalanensis [et Marga-] rita uxor ejus. »

F° 87, r°. xviii kal. jan.

« Obiit domina ... domina de Pla[nceio] qui nobis leg[avit] x lib. ann. ... pro pia. ... »

II. — CHARTES.

1. — 1235, août, Sézanne. — Thibaut IV, comte de Champagne, donne à l'abbaye de Notre-Dame du Jardin dix livres de rente annuelle à prendre sur les revenus de la halle qu'il possède à Sézanne.

Nos *Theobaldus*, Dei gratia rex *Navarre*, comes *Campanie* et *Brie* palatinus. Notum fecimus universis tam presentibus quam futuris quod cam promisissemus ecclesie *Sancte Marie de Jardino* dare terram quam abbas et conventus de *Cheziaco* habent apud

Plaiostrum et hoc non potuerimus adimplere, nos in recompensatione dicte promissionis, donavimus jam nominate ecclesie de *Jardino* decem libras annui redditus apud *Sezenniam* in hala nostra singulis annis in festo sancti Johannis Baptiste, et per hoc quiti sumus a dicta promissione. In cuius rei testimonium, presentes litteras fieri fecimus et sigilli nostri munimine roborari. Actum apud *Sezenniam*, anno Domini millesimo ducentesimo tricesimo quinto, mense augusti.

(Or., B. N., *Collection de Champagne*, 151, p. 9. — An., D'Arbois de Jubainville, *Histoire des ducs et des comtes de Champagne*, V, p. 346.)

2. — 1237, octobre. — Gautier de Prie, clerc, vend à l'église de Notre-Dame du Jardin, au prix de trois sols de Provins de cens annuel, un moulin sis entre Pleurs et Marigny, avec toutes ses dépendances, ses droits et revenus, sauf la justice dudit moulin.

Nicholaus, miseratione divina *trecensis* ecclesie minister humilis, omnibus presentes litteras inspecturis salutem in Domino. Noverit universitas vestra quod *Galterus de Prie*, clericus, coram nobis recognovit quod ipse vendidit et quitavit ecclesie de *Jardino Beate Marie*, cysterciensis ordinis, quoddam molendinum situm inter *Plaiostrum* et *Mareguiacum*, quod molendinum dicitur *Novum Molendinum*, cum omnibus pertinentiis et proventibus dicti molendini et quicquid juris possidebat et habebat in dicto molendino, retenta tamen sibi justicia dicti molendini, hoc et addito quod dicta ecclesia reddet annuatim dicto *Galtero* tres solidos pruvinensium censuales. In cuius rei testimonium, ad petitionem partium, presentes litteras sigilli nostri munimine fecimus roborari. Datum anno gracie millesimo ducentesimo tricesimo septimo, mense octobri.

(Or., B. N., Coll. Champ., 151, p. 10.)

3. — 1239, mars. — Hugues de Broyes donne aux religieuses du Jardin le droit de pâturage sur toutes ses terres, plus une voiture de bois à brûler dans sa forêt de Chapton.

Hugo, dominus *Brecarum*, omnibus presentes litteras inspecturis in Domino salutem. Quum diversitate temporum plurima elabi possunt a memoria, necessarium est ut per assertionem scriptorum preterita ad memoriam revocentur. Eapropter universitati vestre notum facio quod ego do et concedo sanctimonialibus de *Jardino* Deo et Beate Marie ibidem servientibus communia pascua totius terre mee ad opus animalium suorum grossorum et minutorum per dampna reddenda. Do insuper eisdem usuarium suum ad ardendum ad unam quadriguam in bosco de *Chapetons* in quantum debeo et possum. Quod ut ratum permaneat, presentes litteras sigilli mei munimine roboravi. Actum anno gracie millesimo ducentesimo tricesimo nono, mense marcio.

(Or., B. N., Coll. Champ., 151, p. 11.)

4. — 1247. — Hugues de Broyes donne en toute propriété aux religieuses du Jardin cent vingt arpents de bois dans la forêt de Chapton, sauf la justice de ladite forêt.

Ego *Hugo*, dominus [*Brecarum*]. notum facio omnibus tam presentibus quam futuris me dedisse et concessisse in perpetuam elemosynam monialibus [*de Jardino Beate*] *Marie* cisterciensis ordinis prope *Plaiostrum* centum et viginti arpenta nemoris que habebam in nemore de *Chapetons* ad campos de *N*..... *ldi*, inter viam que ducit versus *Villam Novam* et nemus quod dicitur *Raimbolt* usque ad fossata nemoris domini *Leonii* de *Sezennia* mi [litis haben] da et possidenda perpetuo, cum omni superficie et treffundo, volens et conc..... illud nemus eis liceat essartare et ipsam terram....... redigere ad culturam, et edificare super eandem terram grangias [et omnia] alia quelibet edificia, que dicte moniales sibi..... [*J*]*ardino* viderint expedire, et plenarie suam tam de nemore quam [de..... fa] cere voluntatem, retenta michi et heredibus meis..... [just] icia nemoris supradicti. Ad maiorem vero dictarum monialium et dicte ecclesye de *Jardino* cautelam, promitto eis legitimam contra o[mnes]... n portare super nemore supradicto. Huic autem donationi vel concessioni karissima in Christo uxor mea *Berengaria* et dilectus filius meus....., me consentiente et autoritatem prestante, liberaliter consenserunt et fidem corporalem dederunt quod contra hoc per se vel per alium sive..... [her] editatis sive cujuscumque rei alterius ratione non venient in futurum, sed permittent moniales easdem et ipsam ecclesyam ipsi....... perpetua et quieta possessione gaudere. In cuius rei testimonium et munimen,

presentes litteras feci sigilli mei appositione muniri. Actum anno
Domini millesimo ducentesimo quadragesimo septimo.

(Or., B. N., Coll. Champ., 151, p. 12.)

5. — 1253, décembre. — Isabeau, sœur de feu Guy
de Charny, donne à l'abbaye du Jardin tout ce qu'elle possède à Longueville et dans le finage dudit Longueville.

Omnibus presentes litteras inspecturis Officialis *trecensis* salutem
in Domino. Noveritis quod in nostra presentia constituta domicella
Ysabellis, soror quondam defuncti *Guidonis de Charneio*, militis
dicti *Melis*, anime sue saluti cupiens salubriter providere, ob reme-
dium anime sue et parentum et antecessorum suorum, dedit et
concessit i[n pura] et irrevocabili donatione facta inter vivos et
etiam in puram et perpetuam elemosinam abbatisse et conventui
de *Jardino*, *trecensis* diocesis, cisterciensis ordinis, quicquid habebat
et habere poterat seu videbatur habere apud *Longam Villam* et in
finagio dicte ville t[am] in terris, pratis, hominibus, censibus,
coustumis, herbagiis, quam in rebus aliis quibuscumque, tam jure
hereditario quam jure acquisi[tionis,] quam etiam ex donatione
sibi facta a nobili viro *Jacobo*, milite, domino *Planciaci*, promit-
tens dicta *Ysabellis* quod contra dictas donationem et elemosinam
per se vel per alium non veniet in futurum, nec aliquid in pre-
missis de cetera reclamare presumet. In cuius rei testimonium,
presentibus litteris sigillum curie *trecensis* duximus apponendum.
Actum anno Domini M° cc° quinquagesimo tertio, mense decembri.

(Or., B. N., Coll. Champ., 151, p. 13.)

6. — 1253, février. — Hugues de Conflans donne à
l'église du Jardin cinquante sous de Provins par an, à prendre sur ses revenus de Fère-Champenoise du vivant de la
dame de Marœuil, sa bru, et après sa mort, sur le péage et
le tonlieu de Pleurs.

Ego *Hugo*, miles, dominus de *Couflans*, notum facio omnibus
presentes litteras inspecturis quod ego pietatis intuitu et ob reme-
dium anime nobilis mulieris *Marie* dicte domine de *Nantueil*,
uxoris mee defuncte, dedi ecclesie de *Jardino Beate Marie* cisterciensis ordinis site prope *Plaiostrum* quinquaginta solidos pru-

viniensis monete annui redditus, pro anniversario dicte domino
singulis annis in perpetuum faciendo, accipiendos annuatim in
festo beati Remigii in capite octobris in redditibus meis de *Fera in
Campania* quamdiu comitissa noverca mea et domina nobilis
mulier domina de *Marueil* vixerit; post obitum vero dicte comi-
tisse, dicti quinquaginta solidi accipientur annuatim in thelonio
et pedagio de *Plaiostro*, in mea porcione. Hanc vero dicte elemosine
donationem feci valens sensu et corporali sanitate. Quod ut ratum
haberetur et in perpetuum inconcussum, presentes litteras sigilli
mei munimine feci roborari. Actum anno gracie millesimo ducentesimo quinquagesimo tercio, mense februario.

(Or., B. N., Coll. Champ., 151, p. 14.)

7. — 1258, 13 janvier, Troyes. — Thibaut V, comte
de Champagne, constate que Jean, seigneur de Châteauvillain, autorise Jean, châtelain de Noyon, à donner à l'église
du Jardin une grange et ses dépendances que Jean de Loisy
tenait dudit seigneur de Châteauvillain dans la châtellenie
de Pleurs.

Nos *Th.*, Dei gracia Rex *Navarre, Campanie* et *Brie* comes palatinus. Notum facimus presentibus et futuris quod cum *Johannes
de Losya*, cambellanus noster, teneret in feodo a *Johanne* domino
Castrivillani in castellania *Plaiostri* quandam grangiam cum eius
gueingnagio et pluribus aliis et alia ab aliis dominis, et ita convenis-
set inter ipsum *Johannem de Losia* et *Johannem*, castellanum *Novio-
mensem* et *Thoretensem*, quod suam ex eis posset idem *Johannes*
castellanus *Noviomensis* facere voluntatem, et dictus *Johannes* castellanus *Noviomensis* donaverat ea in elemosinam ecclesie *Beate
Marie de Jardino* prope *Plaiostrum trecensis* dyocesis cisterciensis
ordinis, dictus *Johannes* dominus *Castrivillani* coram nobis consti-
tutus dictam donacionem sponte sua ad preces nostras ratam ha-
buit et laudavit, retenta sibi custodia in eis que de suo feodo mo-
vent. *Johanna* autem, eius uxor, coram nobis spontanea premissa
laudavit. Sciendum autem quod custodia dicte ecclesie de *Jardino*
est domincrum *Plaiostri*. In quorum testimonium, presentibus
litteris, ad requestam dictorum *Johannis* domini *Castrivillani* et
eius uxoris, sigillum nostrum duximus apponendum. Actum *Trecis*
per nos, anno Incarnati verbi millesimo ducentesimo quinquagesi-

mo octavo, mense januario, die lune in octabis Epiphanie Domini.

(Or.; B. N., Coll. Champ., 151, p. 15. — An., d'A. de
Jubainville, Hist. des comtes de Champ., V, p. 486.)

8. — 1260, janvier. — Guy de Louan, chevalier,
échange au couvent du Jardin son terrage de Marigny contre cinq arpents de terre sis à Parrigny.

Gie *Marie*, contesse de *Briene* et dame de *Montaguillon*, fais
savoir à touz ces qui ces présentes letres verront et orront, que
mes sires *Guiz de Loen*, chevaliers, a recogneu par devant nos
qu'il a eschangié ce qu'il avoit et tenoit de rante à *Marigny* delez
Pleywrre au ior que ces letres furent faites, c'est assavoir sa
partie dou terraige ou l'abeesse et li couvenz dou *Jardin* delez
Pleywrre avoient la moitié et il l'autre, donquel terraige la partie
loudit *Guy* valoit chascun an antour dis et wit setiers de blef à la
mesure de *Playwrre*, c'est assavoir meitié soigle et meitié aveigne,
et seis setiers d'aveigne de costumes à ladite mesure, wit so's de
cens, seis chapons, seis fouaces et seis deniers avec les foaces, à
cinc apenz de terre gueai[gnab'e et sei]s arpenz de pré que l'abeesse
et li couvenz devant dit avoient et tenoient à *Parrigny* delez *Ponz
sur Se[yne]*... que ces letres furent faites Et est assavoir que lidiz
Guiz a quité par devant moi à l'abeesse et au [couvenz dou *Jardin*]
à tenir touz iourz pasivlement toutes ces choses devant dites et los,
ventes, seignorie et tout ce qui ap. . . . . . ces choses devant
dites apartenanz à ladite rante et qu'il lour est tenuz aporter leial
garantie à touz iorz, et il et si hoir, de toutes ces devant dites
choses envers touz ceus qui de riens ou en tout, ou en partie en
iroient ou vouroient aler à l'ancontre En tesmoignance des quex
choses, à la requeste doudit *Gui*, j'ai baillies ces letres à l'abeesse
et au couvent devant diz, seellées de mon seel. Les quex furent
faites l'an de l'Incarnacion Nostre Seignor mil et deus cenz et
soissante, ou mois de janvier. — *Mevisiers* me fist.

(Or., B. N., Coll. Champ., 151, p. 16.)

9. — 1262, juin. — Hugues de Conflans, chevalier,
donne à l'église du Jardin-Notre-Dame cinquante sous de
Provins de rente par an à prendre sur ses fours de Fère-
Champenoise. (Vidimus de 1504.)

A tous ceulx qui ces presentes lettres verront et orront, Jacques de Villiers, licencié en loix, bailly de Pleure et garde des séaulx de la prevosté et baronie dudit Pleure pour haulte et puissante dame dame Marguerite de Torcenay, dame d'Arzillières, du Chastelier, dudit Torcenay, de Jully et dudit Pleure, salut. Savoir faizons que aujourd'uy douziesme de février, l'an mil cinq cens et quatre, de la partie du prieur de Joy-l'Abbaye de l'ordre de Cisteaulx ou diocèse de Cens, a este presentée à Messire Jehan de la Motte, prebstre, et à Odin Prieur, clerc, notaires et jurés du tabellionage de ladite prevosté et baronie dudit Pleure de par ladite dame, une certaine chartre appartenant à l'esglise de Nostre-Dame du Jardin-lez-Pleure, membre despendent de ladite abbaye du dit Joy, contenent ce qu'il s'ensuit : « Ge *Hues,* chevalier, sires de *Covlans,* fas savoir à touz cex qui verront ces letres que come ie aie otroiez et donez an pure aumone à l'esglise du *Jardin Notre Dame* de l'ordre de Cistiax delez *Pleure,* an l'esveschié de *Troie,* cinquante sous de provenisiens de rante chacun an por le remède de mon âme et de l'âme de ma chère femme *Marie* de bone mémoire, je otroi et wel que cist devant dit cinquante sous soiet prins sor mes rantes des fours de *Fère-Champenoize* et soiet baillié et randu chacun an an perdurableté à la devant dite esglize dou *Jardin Notre-Dame* ou à son certain message an cel forme que on an paiera à la fête Saint Remei vintecinc sous et à Pâques vintecinc sous. Et ce don et ceste aumone a loé et otroihié ma dame *Yde de Jusenecourt,* damme de *Cruisilles,* ma très chière famme. Et por ce que ce soit ferme chose et estable, nous avons seelées ces présens letres an nos seiaus. Ce fut fait en l'an de l'Incarnacion Notre Singnor Jhus Crit mille et ducenteime et seissente deus, an mois de ioin. » *En tesmoing de ce, nous, garde dessusnomé, avons cellé ces* [*presentes letres*] *du sel de ladite prevosté et baronie par le rapport desquels jurés avec leurs sings manuelz cy mis, l'an et jour dessus dits.*

(Or., B. N., Coll. Champ., 151, p. 17.)

10. — 1263, 16 octobre, Lachy. — Thibaut V, comte de Champagne, appose son sceau à une charte de Thibaut IV, dont le sceau pouvait être enlevé sans lésion du parchemin ni de la soie.

Nos *Th.,* Dei gratia rex *Navarre, Campanie* et *Brie* comes palatinus. Notum facimus universis quod cum presentibus litteris

carissimi patris nostri religiosis mulieribus abbatisse et conventui
de *Jardino* concessis fides posset forsitan denegari, ex eo quod
sigillum ex eis sine lesione carte et fili cui appensum est removeri
poterat et apponi, considerantes quod antica simplicitas expers
fraudis deffectum huiusmodi non advertit, et nostre et earum secu-
ritati quantum ad hoc imposterum consulere cupientes, sigillum
nostrum dictarum litterarum alligatum sigilla eisdem apponi fecimus, ad earum peticionem, adicientes quod per apposicionem dicti
sigilli dictis religiosis nullum jus de novo penitus acquiratur, sed
eis duntaxat per hoc quantum ad amocionis et appendicionis dicti
sigilli articulum sit provisum. Actum apud *Lachiacum*, die Martis
in octabis sancti Dyonisii, anno Domini millesimo ducentesimo
sexagesimo tertio. — Nota *Johannis*.

(Or., B. N., Coll. Champ., 151, pp. 18 et 19. — An. d'A. de J.,
Hist. des comtes de Champ., VI, p. 4.)

11. — 1270, juin. — Simonet de Broyes et Marie, sa
femme, reçoivent des religieuses du Jardin une maison et
son pourpris sis à Broyes, en échange de deux sous tournois de cens annuel.

Universis presentes litteras inspecturis, G., decanus Xristianitatis *Sezannie*, diocesis *trecensis*, in Domino salutem. Notum facimus quod in nostra presentia constituti *Symonetus*, filius *Hardoini
Hermandi de Brecis* et *Maria*, eius uxor, recognoverunt se ad
censum recepisse a religiosis monialibus abbatissa et conventu de
Jardino quandam ostisiam cum porprisio ipsius, quam ostisiam cum
porprisio dicte moniales habere dicebantur apud *Brecas*, in vico qui
dicitur *la Voite*, que quidem ostisia cum porprisio sunt quondam, ut
dicitur, *Johannis* dicti *Ner de Buef* pro duobus solidis turonensium
censualibus reddendis et solvendis eisdem monialibus annis singulis
in festo beati Remigii in capite octobris, videlicet duodecim denariis
ab illis qui tenent et tenebunt dictam ostisiam et dictum porprisium
et duodecim denariis ab illis qui tenent seu tenebunt duas pecias vinee
dictorum *Simoneti* et eius uxoris, sitas, ut dicitur, in loco qui dicitur
Buiresart, que due pecie vinee fuerunt quondam, ut dicitur, *Coleti*
dicti *Frogier* et erant, ut dicitur, libere ab omni onere servitutis, et
quantum ad solvendum dictum censum, ut dictum est, dictam por-
prisii ostisiam et dictum porprisium et dictas vineas obligaverunt.
Quam ostisiam cum porprisio dicti *Simonetus* et eius uxor pro se

et heredibus suis ad perpetuitatem, ut dictum est, accensiverunt et
promiserunt, fide data quod ipsi dictum censum solvent dictis monialibus quamdiu tenebunt possessiones predictas, se et posses-
sores dictarum possessionum obligando, pro qua accensisatione
sic facta, dicti *Simonetus* et eius uxor solverant, ut dicebant,
quinquajinta solidos turonensium monialibus antedictis et quantum ad premissa tenenda servandaque dicti *Simonetus* et eius
uxor supposuerunt se jurisdictioni nostre et successorum nostro-
rum ubicumque fuerint vel manserint. In cuius rei testimonium,
sigillum nostrum litteris presentibus apposuimus, ad preces dictorum *Simoneti* et eius uxoris. Actum anno Domini Mᵒccᵒɪ.xxᵒ, mense
junio.

(Or., B. N., Coll. Champ., 151, p. 21.)

12. — 1274, mai. — Jean, sire de Châteauvillain, con-
firme aux religieuses du Jardin le legs que leur a fait feu
Jehannet, fils de feu Gaucher du Puits, écuyer.

Nous, *Jehanz*, sires de *Chatiavillain* et *Luzi*, faisons savoir à
touz cez qui verront cez letres, que nous voulons, otroions, loons
et confermons ce que les religieuses dames et honestes noz amées li
abbeesse et li couvenz de l'esglise de *Notre Dame dou Jardin* ont ou
terraige de *Foux* que nous achetames des hoirs feu *Jehannet*, fil
iadis *Gaucher de Puiz*, escuier; c'est à savoir deux seters de soigle
et deux seters de avoine à la mesure de *Plaieurre*, et loons ancor et
otroions le lais que li diz *Jehannet* leur fist en aumone pardurable
de ouit seters d'avoine qu'il avoit, si cum en dit, es coutumes de
Foux, desquex la Maisons-Deu de *Plaieurre* doit avoir chacun an
quatre seters d'avoine et viii foaces et viii gelines et viii deners que
li devant diz *Jehannez* avoit, si cum en dit, es dites coustumes de
Foux. An tesmoing de laquel chose, nous avons mis notre seel en
cez leitres, qui furent faites en l'an de grâce Notre Seigneur mil
dus cenz sexante et quatourze. ou mois de may.

(Or., B. N., Coll. Champ., 151, p. 22.)

13. — 1275, septembre. — Jean, dit Courberans, chevalier, Adam, son neveu, et Isabelle, sa femme, vendent au
Jardin, pour la somme de 130 l. t., le sixième des dîmes
de Connantre, le quart de la paille et de l'herbe de ladite
dîme, 28 deniers de cens annuel et leurs hommes.

Universis presentes litteras inspecturis, Officialis *trecensis* salutem in Domino. Noverint universi quod coram nobis dominus *Johannes*, dictus *Courberans*, miles, et *Adam*, eius nepos, et, coram mandato nostro ad hoc a nobis specialiter destinato, domina *Isabellis*, uxor dicti militis, constituti, recognoverunt et confessi sunt se vendidisse et nomine venditionis imperpetuum concessisse et quittavisse abbatisse et conventui de *Jardino*, ordinis cisterciencis, *Trecensis* dyocesis, ementibus pro se et pro monasterio seu ecclesia earumdem, sextam partem decime de *Conantre*, quartem partem palle et straminis dicte decime, item viginti octo denarios censuales singulis annis reddendos in festo beati Remigii, homines ipsorum *Johannis*, *Ade* et *Isabellis*, que omnia et singula habebant et tenebant et possidebant tanquam sua tempore venditionis predicte, ut dicebant, necnon et quicquid habebant in dicta villa et in finagio de *Conantre*, in quibuscumque rebus existant, ab ipsis abbatissa et conventu et eorum monasterio nomine emptionis predicte imperpetuum tenenda et pacifice possidenda pro centum et tringinta libris turonensium sibi quittis, de quibus se tenuerunt plenarie pro pagatis, exceptioni dicte pecunie non habite, non recepte omnino renunciantes; et coram nobis promiserunt dicti miles et *Adam* et dicta *Isabellis*, coram mandato nostro, quod in predictis seu quolibet predictorum de cetero nichil iuris reclamabunt seu per alium facient reclamari et quod contra huiusmodi venditionem, concessionem et quittationem per se vel per alium non venient in futurum. Immo super venditionem predictam dictis monialibus et earum monasterio erga omnes et etiam contra omnes in iudicio et extra iudicium quotienscumque opus fuerit, ad usus et consuetudines patrie legitimam portabunt garandiam, sub pena et restitutione omnium dampnorum et expensarum, obligantes propter hoc dicti miles et *Adam* coram nobis et dicta domina coram mandato nostro dictis monialibus se, heredes suos, omnia bona sua et heredum suorum mobilia et immobilia, presentia et futura, ubicumque sint et poterunt inveniri et quocumque nomine censeantur, renunciantes dicti miles et *Adam* coram nobis et dicta domina coram dicto mandato nostro in hoc facto, privilegio fori et crucis, indulto et indulgendo, conditioni sive causa vel ex iniusta causa, omni consuetudini et statuto novarum constitutionum beneficio, omni iuri et privilegio dotis, doarii seu donationis propter nupcias et ad hoc quod non *possint dicere se deceptos seu circonventos* in huiusmodi contractu ultra medietatem iusti precii et omnibus aliis exceptionibus iuris et facti que contra presens instrumentum possent obici seu dici, volentes et expresse consentientes dicti miles et *Adam* coram nobis et dicta domina coram dicto mandato nostro quod nos ipsos per censuram ecclesiasticam compellamus ad observationem omnium premissorum, se et sua quantum ad hoc ubicumque maneant vel existant jurisdictioni *trecensis* curie supponentes. In cuius rei testimonium, sigillum *trecensis* curie presentibus litteris duximus apponendum. Datum anno Domini millesimo CCLXX° quinto, mense septembri. — *Pathera*.

(Or., B. N., Coll. Champ., 151, p. 23.)

14. — 1276, septembre. — Thibaut de Broyes donne en mainmorte au couvent du Jardin la vigne que lui a légué à Allemant, feu Regnaut, curé de Saint-Loup.

A touz ceaus qui ces lettres varront et ourront le *Thiebauz*, sires de *Broyes*, chivailiers, salut. Sachet tuit que i'ai loé et gréé a la beesse et a couvant dou *Jardin* a tenier a mortemen la vigne la quex fu feu *Regnaut*, curé de *Seint Lou*, la quex sié ou terréour d'*Alemans*. En tesmoignage de laquel chose i'ai séelé ces présentes lettres de mon séel, les quex furent faitez en l'an de grâce M CCLX et XVI anz, ou mois de septembre.

(Or., B. N., Coll. Champ., 151, p. 24.)

15. — 1279, septembre, Troyes. — Raoul de Thourotte laisse 10 l. t. de rente annuelle aux dames du Jardin de Pleurs.

Nous *Gautiers*, hombles abbés des *Planches*, *Gauchiers*, chastelains de *Noion* et sires de *Thoraute* et *Gauchiers de Carnay*, chevalier, exécuteur dou testament ou de la darrenière volenté boene mémoire *Raoul de Thoraute*, iadis soignor dou *Chastelier*, faisons savoir à touz celz qui verront et orront ces présentes lettres que nous avons assené et assis et assenons et asseions à relegieuses dames la abbesse et le couvent dou *Jardin Notre Dame* delez *Plaeurre*, de l'ordre de Citiaus et de la dyocèse de *Troyes*, dis livres de tornois, que li diz *Raous* laissa aus dites dames et à leur esglise chascun an por le remeide de sarme et en pure et p[erpét]uel aumosne à penre et à recevoir les dites dis livres des dites dames et de leur esglise ou de leur certain [messaige] ou coumandement chascun an a touz iours à la feste de la Assumption Notre Dame, es rantes qui furent audit *Raoul* que l'an apele le charroi de *Otignes*, en tele manière que si tost con li hoirs doudit *Raoul* randr[ont] cent livres aus dites abbesse et *couvent*, il n'aura sa terre et sera quittes des dites dis livres. En tesmoignance de la quel chose, nous avons seellées ces lettres des nostres seels. Donné à *Troies*, en l'an de l'Incarnation Notre Soignor mil deus cenz soixante dix et nuef, ou mois de septembre.

(Or., B. N., Coll. Champ., 151, p. 26.)

16. — 1281, avril. — Jeubers, dit Bigoz, de Longueville, reçoit à cens de l'abbesse et du couvent du Jardin une maison à Longueville, moyennant deux setiers de froment par an. (Vidimus de 1363.)

A tous ceulz qui ces présentes lettres verront et orront, Hues de Foux, *gardé dou scel de la prevosté de* Pluerre *de par madame la Roynne* Jehanne, *Roynne de* France *et de* Navarre, *en qui main la dicte prevosté et terre est empartie à présent et Monseigneur de* Pluerre, *salut. Saichent tuit que* Symon de Bar, *escuier et* Naudin Bricet, *thabellion, iurez et proprement establiz à ce faire de par ma dicte dame et seingneurs de* Pluerre, *nous ont tesmoingnié en vérité qu'il ont vehu et leu de mot à mot unes lettres seingnes et antières en scel et en escripture, scellées si comme il appert de prime face de cire vrrt en double queue, contenant ceste forme. A* tous ceuls qui ces présentes lettres verront et orront, *Agnès,* dame de *Plancy,* salut en Notre Seingneur ..... Soichent tuit que eu ma présence establiz, *Jeubers diz Bigoz de Longueville,* mes hom, recognut par devant moy que il avoit acensi de religieuse dame *Thièce,* abbcesse dou *Jardin Notre Dame* et dou couvent, à tous iours mais, pour ly et pour ses hoirs, une hostise qui est à *Longueville,* antre la *Conversion* et la *maison à l'estrié,* dès le chemin de la dicte ville iusques à l'iaue, laquelle hostise estoit à l'abbeesse et au couvent dessus dit, chascun an pour deux sextiers de froment, à la mesure de *Plancy,* à rendre et à paier chascun an à la Saint Martin an yver à l'abbeesse et au couvent dessus dit doudit *Jeubert* ou de ses hoirs. Ou tesmoing de laquel chose, i'ay mis mon scel en ces présentes lettres, qui furent faites an l'an de grâce mil deus cens quatre vinz et ung, ou mois d'avril. *En tesmoing de laquelle chose, ie,* Hues de Foux, *dessus diz, par le rapport des diz iurez, ay scellées ces présentes lettres dou scel avec les seingnez des diz iurez. Ce fut*

*fait le semedi après l'Exaltation de la feste de Sainte Croiz, l'an de
grâce mil trois cens soixante et trois.*

(Or., B. N., Coll. Champ., 151, p. 59.)

17. — 1281, mai. — Jean, sire de Châteauvillain, et
Jeanne, sa femme, confirment les acquisitions faites dans
leurs domaines par le couvent de Notre-Dame du Jardin.

Nos *Jehanz*, sires de *Chatiauvillain* et de *Luzy*, et nos, *Jehanne*,
femme doudit *Jehan*, fazons savoir à touz ces qui ces présentes
lettres verront et orront que nos louons, volons et otroions que
l'abbeiasse et li couvenz de *Notre Dame dou Jardin* delez *Plaicère*
de l'ordre de Citeaus teinnent paisiblemant à touz iorz mais perpe-
tuelmant ce qu'eles hont acquis et conqüis en notre terre, en nos
censives, en nos fyez et en nos rièrefiez iusques au ior que ces
lettres furent faites. Et si confermons toutes ces choses devent dites,
sauf ce que nos retenons partout la garde et la iustise à nos et à nos
hoirs. En tesmoignaige de la quele chose, nos avons mis nos séaus
en ces présentes lettres qui furent faites en l'an de grâce mil deus
cenz quatrevinz et uns, ou moys de may.

(Or., B. N., Coll. Champ., 151, p. 27.)

18. — 1284, mars. — Maître Remi, chapelain de
l'église Saint-Remi de Pleurs, reconnaît devoir aux religieuses du Jardin trois setiers de blé méteil par an, pour le
cens d'une pièce de terre lieudit à Fosse-Marton.

A touz celz qui verront et orront celz présentes lettres, li cha-
pistres de l'esglise de Saint Remi de *Pleeurre* en la dioceise de
Troies, salut en notre Seigneur. Sachent tuit que pour ceste chose
personelmant establiz maistres *Remis*, perpétuels chapelains en
notre dite esglise, par devant nous recognut de sa propre voulanté,
sanz force ne sanz contraignemant d'aucun, que il doit et est tenuz
à rendre et à paier chacun an à touz iours à religieuses dames et
honestes l'abeesse et le couvant dou *Jardin Notre Dame* delez
Pleeurre, pour aus et pour leur esglise, trois setiers de blef, moitié
seile et moitié avoine, à la mesure de *Pleeurre*, pour le cens d'une
pièce de terre qui li diz Maistres *Remis* a à *Fosse Marton*, laquelle
dite pièce de terre il acheta de *Gileçon*, son frère, si cum il l'a reco-

gneu par devant [nous] chargie et encombree des diz trois setiers
de blef de cens à paier aus dites religieuses dames pour aus et pour
leur esglise. Et a recogneu par devant nous li diz Maistres *Remis*
que ou tens passé il a paié par lonc tens au dites religieuses dames
les diz trois setiers de blef de cens pour la dite pièce de terre qui
siet à *Fosse Marton*. Et s'il estoit aïnssins que ou tens passé les
dites religieuses dames eussient fait pour aus et pour leur esglise
aucune grâce et aucune courtoisie audit Maistre *Remi* comme de
donner et de quiter les diz trois setiers de blef de cens à sa vie, li
diz maistres *Remis* par devant nous renonce et a renoncié expresse-
mant et à touz iourz à tout don et à toute quitance que les dites
religieuses dames li auroient et pourroient et devroient avoir fait
en quelque mannière que ce fust. Et veult et otroie li diz maistres
Remis par devant nous que il dès or en avant tant cum il tenra
ladite pièce de terre et cil qui après lui la tenra, en quelque mannière que ce soit, paient et rendent et soient tenu et à paier et à
rendre chacun an à touz iourz aus dites religieuses dames les diz
trois setiers de blef de cens pour la raison de ladite pièce de terre,
ne ne malt que nus dons ne nule quitance que les dites religieuses
dames li aient fait ou tens passé des diz trois setiers de blef de cens
li vaillent ne ne puissent valoir, si cum il est dessus dit, ne à celui
qui après lui tenra la dite pièce de terre. En tesmoignage de laquel
chose, nous avons mis notre scel en celz présentes lettres, à la requeste dou dit Maistre *Remi*. Ce fu fait en l'an de grâce mil deus
cenz quatrevinz et quatre, ou mois de marz.

(Or., B. N., Coll. Champ., 151, p. 28.)

19. — **1290, septembre.** — Jean de Gourgançon et
Marguerite, sa femme, vendent à l'abbaye de Notre-Dame
tout ce qu'ils ont à Allemant, à Saint-Loup de Broyes, etc.,
pour la somme de 80 livres de petits tournois.

A touz ceus qui ces leitres verront, *Symon de Saint Merri*, pré-
vost le Roi en la prévosté de *Meleun*, *Pierre Bouriois* et *Guillaume
de* ..... Nous fessons assavoir que pardevant nous vindrent en droit
Jehan de Courgançon, escuier, et damoyseile *Marguerite*, sa fame,
si comme ..... [vendu] et quité à touz iourz, pour euls et pour leur
hers, et vendirent et quitèrent par devant nous, en non de vente
perpetuel, à religieuses dames [l'abbeesse et le couvent dou *Jardin*]
Nostre Dame lez *Plueurre* de l'ordre de Citiaus et à leur église

tout quánque il ont ès viles ci desouz bonmées. C'est assavoir en
Quoierat, à *Alement* et [.... à *Saint Loup*] de Brois, soit en cens,
en rentes, en terrages, en terres arables, en prez, en vignes et en
autres choses, queles quo eles soient ou puissent estre entandues que
il ..... à la dite damoiseile, si comme il disoient, movenz de franc
aleuc, pour le pris de quatre vinz livres de petiz tournois, leur
quités et là paiez en bone pécune ..... ment, si comme il disoient,
des dites religieusses ou de leur commandement, et tramportèrent
et mistrent lidit vendeeur par le baill de ces leitres es dites acheterresses et à leur eglisse tout le droit, toute la sessine, toute la
propriété, toute la possession et toute l'action que il avoient ou povoient avoir en toutes les choses desus dites, vendues sanz riens
retenir d'aucun droit à eus, ne à leur hoirs, prometenz par devant
nous par leur léaus créanz que encontre la vente et la quitance
desus dites ne vendroit par eus ne par autres ou temps à venir par
nul droit, quelx que il soit, commun ou especial, mes en bone foy,
à leur propres couz et despens, les choses desus dites, si comme
eiles se comportent en lonc et en lé, aus dites religieusses, à leur
esglise ou à ceus qui auront cause pour euls garantiront, deliver-
ront et deffendront en iugement et hors iugement contre touz et
envers touz aus us et aus coustumes du païs, fors envers le seigneur
de *Brois* pour reson de l'amortissement, si comme il disoient. Et
quant à ce fermement tenir et acomplir, lidit vendeeur ont obligié
par devant nous chacun pour le tout aus dites acheterresses, à leur
églisse ou à ceus qui auront cause pour eus, eus et leur hers et
touz leur biens et les biens de leur hers, muebles et non muebles,
présanz et à venir, où que il puissent estre trovez, et espéciaument
en contre pleige de garantisse quanque il eut au *Bricor* de l'eritage
à la dite damoisele à ioïr et à esploitier, si comme l'an doit ioïr et
esploitier de contre pleige de garantisse, selon l'usage ou la cous-
tume du païs. Et se souzmistrent, quant à ce, eus et touz leur biens
dessus diz, à la iuridicion de la prévosté de *Meleun*, où que il se
tresportent, renoncenz en ce fet, par devant nous, par leur [léaus]
créanz à tout privilège de croiz prise et à prandre, ostroié et à
ost[roier] soit d'apostoile ou de prince, à bénéfice de division, à tout
barat, à toutes excepcions, à toutes .....ons, à toutes barres, à toute
aide de fet et de droit escrit et non escrit, de court de crestianté ou
de court layc, au droit qui dit *général renonciacion non valoir*, à
toutes autres aides, ressons, franchises et deffenses qui pourroient
estre opposées contre la teneur de ces leitres. En tesmaing de laquele
chose, nous, à la requeste des diz vendeeurs, avons mis le seel de

la prévosté de *Meleun* en ces leitres, an l'an de grâce mil deus cenz quatre vinz et dis, ou mois de septembre.

(Or., B. N., Coll. Champ., 151, p. 29.)

20. — 1292, juin. — Jean, sire de Châteauvillain, fait connaître l'accord conclu entre les religieuses du Jardin et les habitants de Pleurs au sujet de l'étang d'Etrelles.

Nous *Jehanz*, sires de *Chatiauvillain*, faisons savoir à touz celz qui sont et seront que cum descors fust meuz entre religieuses dames et honestes l'abbeesse et le couvant dou *Jardin Notre-Dame* lez *Pleerre*, de l'ordre de Cytiaus de la dyocèse de *Troies*, d'une part et les bourgois et la communeté de *Pleerre* d'autre part, seur ce, c'est adsavoir que lesdites religieuses disoient que elles povoient clorre et retenir toute l'yaue de leur estan d'*Estreelles* par dever le champ et le courtil aus malades de *Pleerre*, sanz laissier aler point d'yaue par dever ledit courtil aus malades et que l'yaue estoit toute leur iuques au dit courtil, les diz bourgois et ladite communeté disenz encontre que les dites dames ne povoient ne ne devoient clorre l'yaue devant dite à ce qu'elle ne courust entour le courtil devant dit et que il i devoient avoir leur haizemanz à peschier et à moult d'autres choses. A la parfin, dou consoil de bones genz, de nostre voulenté et de l'assentemant des devant dites parties, li descors desus diz fu apaisiez et acordez par devant nous en la menière qui s'ensust. C'est adsavoir que les dites religieuses dames pourront faire faire toutefoiz qu'elles vourront la chaucye qui fu commencye iadis dever ledit courtil aus malades de tel haut et de tel large comme il leur plaira, pour garentir leur poisson et leur yaue en tel menière qu'elles seront tenues affaire faire un grait d'une toise rapinal de large entour le chief dou courtil aus malades devant dit par dever le champ aus diz malades, pour ce que l'yaue puisse courre ou fossé doudit courtil. Lequel fossé lidit bourgois et ladite communeté tenront et devront tenir en tel point soufisanment comme il a estez tenuz, sanz aparfondir et sanz faire chose par que il li haust ci grant cours d'yaue qui fust li damages desdites religieuses dames ou doudit estan; ne ne pourront lidit bourgois ne ladite communeté peschier ne panre poisson ne faire peschier en l'estan devant dit, mais il pourront panre wasons et bourble d'une part et d'autre de ladite chaucye, si comme il l'ont acoustumé, en tel menière sainnement qu'il ne gret à ladite chaucye ne au devant dit grail. Et auront l'erbage pour aus et pour leur bestes, si comme il l'ont acoustumé à avoir. Et s'il avenoit qu'il s'assenblast herbes ne autres ordures devant ledit grail en menière que l'yaue ne poist avoir son cours au devant dit fossé, lidit bourgois et ladite communeté anvoiroient au munier aus dites dames demourant au molin d'*Estreelles* pour li amonester qu'il feist desconbrer ledit grail de l'ordure qui isseroit assemblée, ci que l'yaue poist avoir son cours ; et se en ne le faisoit desconbrer dedanz landemain à midi, lidit bourgois et ladite communeté le pourroient faire desconbrer soufisanment dès iqui en avant, sanz faire ne faire faire damage aux dites religieuses dames ne à leur choses. Et l'acort desus dit, si comme ce est devisiez, nous acordons et confermons et voulons qu'il soit estables apperpétuité. En tesmoignage de laquel chose, nous avons baillies ces présentes lettres aus devant dites religieuses dames, par l'acort de l'autre partie, scellées de notre seel, sauve nostre garde et nostro ioustise en toutes choses. Donné en l'an de grâce mil deus cenz quatrevinz et douze, ou mois de ioing.

(Or., B. N., Coll. Champ., 151, p. 30.)

21. — 1292, juin. — Jean de Broyes, sire d'Allemant, fait connaître la transaction intervenue entre les bourgeois de Pleurs et les religieuses du Jardin au sujet de l'étang d'Etrelles.

A touz celz qui verront et orront ces présentes lettres, *Jehanz de Broies*, sires d'*Alemenz*, chevalliers, salut en Nostre Seigneur. Sachent tuit que cum descors fust mouz entre religieuses dames et honestes l'abbeesse et le couvant dou *Jardin Notre-Dame* lez *Pleerre* de l'ordre de Cytiaus de la diocèse de *Troies*, d'une part, et les bourgois et la communeté de *Pleerre*, d'autre part seur ce, c'est adsavoir que les dites religieuses dames disoient que elles povoient clorre et retenir toute l'yaue de leur estan d'*Estreelles* par dever le champ et le courtil aus malades de *Pleerre*, sanz laissier aler point d'yaue par dever ledit courtil aus malades et que l'yaue estoit toute leur ioques audit courtil, lesdiz bourgois et ladite communeté disenz encontre que les dites dames ne povoient ne ne devoient clorre l'yaue devant dite à ce qu'elle ne courust entour le courtil devant dit et que il i devoient avoir leur haizemanz à peschier et à moult d'autres choses, à la parfin dou consoil de bones genz, de la voulenté mon seigneur de *Chatiauvillain* et de l'assentemant des devant dites parties, li descors desus diz fu mis en moi de haut et de bas et, ie, pour le bien de pais, par consoil de sages genz, présentes lesdites parties et par leur adcort, je dis mon dit le jeudi devant feste Notre-Dame en marz, en la menière qui s'ensust. C'est adsavoir que les dites religieuses dames pourront faire faire toutefoiz qu'elles vourront la chaucye qui fut commencye iadis dever ledit courtil aus malades de tel haut et de tel large comme il leur plaira pour garentir leur poisson et leur yaue, en tel menière qu'elles seront tenues affaire faire un grail d'une toise rapinal de large entour le chief dou courtil aus malades devant dit par dever le champ aus diz malades pour ce que l'yaue puisse courre ou fossé doudit courtil; ne ne pourront lidit bourgois ne ladite communeté peschier oudit estan ne ni pourront panre wasons ne bourble ne d'une part ne d'autre de la chaucye en menière qu'il gret à la dite chaucye ne au dit grail. Et s'il avenoit qu'il s'assembiast herbes ne autres orduros devant ledit grail en menière que l'yaue ne poist avoir son cours audevant dit fossé, lidit bourgois et ladite communeté anvoieroient au munier ausdites dames demourant au molin d'*Estreelles* pour li amonester qu'il feist desconbrer ledit grail de l'ordure qui isseroit assemblée, si que l'yaue poist avoir son cors, et se en ne le faisoit desconbrer dedanz landemain à midi, lidit bourgois et ladite communeté le pourroient faire desconbrer soufisanmant dès iqui en avant, sanz faire ne faire faire damage aus dites religieuses dames ne à leurs choses. Et s'acordèrent les parties desus dites devant moi et vorrent que mes sires de *Chatiauvillain* face et baille à chascune des parties, toutefoiz que partie li requerra, sa lettre de l'acort desus dit. En tesmoignage de laquel chose, ie li devant diz *Jehanz*, sires d'*Alemenz*, ai seellé ces présentes lettres de mon seel, par l'acort et de l'assentemant des parties devant dites. Donné en l'an de grâce mil deus cenz quatrevinz et douze, ou mois de ioing.

(Or., B. N., Coll. Champ., 151, p. 31.)

22. — 1295, 10 mai. — Les officiers du Roi lèvent le trécens des terres de la dot ou douaire de Blanche, reine de Navarre, appartenant à l'abbaye du Jardin de Pleurs.

Universis presentes litteras inspecturis, magistri *Guillelmus de Medunta* bituricensis et *Guillelmus de Noytello* turonensis canonici, illustrissimi Francorum Regis clerici ad finandum super rebus inmobilibus ab ecclesiasticis et ignobilibus personis acquisitis in feodis, censivis, retrofeodis, retrocensivis et allodiis domini Regis in trecensu dotis seu dotalicii illustrissime domine *Blanche* Dei gratia regine *Navarre*, bailliviis ab eodem domino Rege deputatis, salutem in Domino. Noveritis quod religiose mulieres abbatissa et conventus de *Jardino*, cisterciencis ordinis, de rebus infrascriptis tam gratuito quam non gratuito titulo acquisitis, videlicet : de una falcata et dimidia falcata prati sitis in prato *Bordini;* una pecia terre edificata ad vineam que fuit *Droueti;* minutis censibus, capittalibus in pluribus locis, qui fuerunt armigerorum de *Burutello;* uno curtillo sito in stangno de *Estraellis*, qui fuit deffuncti *Renaudi Strabonis;* uno alio curtillo sito in eodem stagno, qui fuit *Robineti* dicti *Le Raguerat;* una hostisia sita juxta stagnum predictum que fuit *Tyerrici Poinla;* uno curtillo sito retro dictum molendinum; una granchia, una domo et porprisio que tenet *Guillelmus de Courcellis;* una domo sita ad *Calceyam*, que fuit deffuncti domini *Garneri de Lyee*, presbyteri; uno courtillo sito in *Chatelero* qui fuit *Laurencie;* quatuor denariis redditus sitis super unum curtillum situm in eodem loco, qui fuit *Coleti* dicti *Chevalier;* medietate cujusdam curtilli siti juxta molendinum dictarum religiosarum apud *Ponandein;* uno curtillo sito ad *Chatelerum*, qui fuit deffuncti *Theobaldi* dicti *Lescorchié;* duabus partibus cujusdam courtilli sitis ad dictum *Chatelerum;* uno terragio sito apud *Marigniacum*, qui fuit *Ade* dicti *Fruytie Marguee* et *Theobaldi Lamberti;* una pecia terre sita subtus creeriam *Gaye*, que fuit *Petri* dicti *La Boule;* una pecia terre sita ad granchiam de *Froitcul*, que fuit *Renaudi de Ponte;* sexta parte decime de *Conantre* cum quarta parte strabi; dnabus filiabus *Morselly;* uxore dicti *La Leston* de capite et corpore; feminabus suis et hominibus, que fuerunt domini *Johannis* dicti *Corberant*, cum aliis hominibus et feminabus quos dictus .dominus *Johannes* habebat apud *Conantre;* et terragio de *Valle Refroy* quod fuit *Theobaldi* dicti *du Solier;* uno terragio apud *Corroy* et undecim solidis censualibus, que fuerunt *Galteri de Oingnya*, armigeri; sex libris et decem solidis redditus, que fuerunt *Johannis de Courgançon;* octo sextariis bladi quos emerunt a *Radulfo de Fera*, armigero, sitis super terragiis de *Val Refroy;* et quatuor solidis redditus, vel circa, super coustumam ouchiarum sitarum a *Val Refroy*, ac medietate terragii, finaverunt nobiscum, pro domino Rege, de quadraginta quatuor libris turonensium, pro qua financia ex gratia domini Regis, pro media parte remissa et alia

media parte solvenda, infra festum Omnium Sanctorum proximo
venturum volumus et concessimus eisdem vice et nomine domini
Regis, que dicte religiose omnia et singula premissa possint tenere,
perpetuo et possidere pacifice et quiete absque coactione vendendi
vel extra manum suam ponendi, salvo in aliis iure domini Regis
et domine Regine cum omni iure quolibet in omnibus alieno. In
cuius rei testimonium, sigilla nostra duximus presenter apponenda.
Datum anno Domini millesimo cc° nonagesimo quinto, die Martis
ante festum Ascensionis Domini.

(Or., B. N., Coll. Champ., 151, p. 32.)

23. — 1295, 10 mai. — Les officiers du Roi accusent
réception de quarante-quatre livres tournois, montant de la
moitié du trécens des terres de la dot ou douaire de Blanche, reine de Navarre, appartenant à l'abbaye du Jardin
de Pleurs.

Universis presentes litteras inspecturis, magistri *Guillelmus de
Medunta* bituricensis et *Guillelmus de Noitello* turonensis canonici,
illustrissimi Francorum Regis clerici ad finandum super acquisitis
ab ecclesiasticis et ignobilibus personis in feodis, retroffeodis, censivis, retrocensivis ac allodiis dicti domini in trecensu et dotis seu
dotalicii illustrissime domine *Blanche* Dei gratia regine *Navarre*,
balliviis ab eodem Domino Rege deputatis, salutem in Domino.
Notum facimus quod religiose domine abbatissa et conventus de
Jardino de onmibus suis [acqu]isitis tam gratuito quam non gratuito titulo in dicto trecensu dotis balliviis finaverunt nobiscum,
pro Domino [Rege,] ad quadraginta quatuor libras turonensium.
Et de illa summa financie nundum ad nostram pervenit notitiam
seu parte e[jus]d[em] financie quod dominus Rex eisdem monialibus
remissionis gratiam fecerit ullo modo, nisi gratiam contentam in
litteris [dicti] domini Regis sic incipientibus Philippus : *Dei gratia
Francorum Rex, ballivio* trecensi, et cetera, et sic finientibus :
Actum apud Sanctum Germanum in Laya, *die Veneris post festum
beati Marci evangeliste, anno Domini* M cc *nonagesimo quinto.* In
cuius rei testimonium, sigilla nostra presentibus litteris duximus
apponenda. Datum die Martis ante Ascensionem Domini, anno ejusdem M cc nonagesimo quinto.

(Or., B. N., Coll. Champ., 151, p. 33.)

24. — 1299, mai. — Oger, fils de Jacques d'Oigne et Nichole, sa femme, vendent à l'abbaye du Jardin 42 setiers par moitié seigle et avoine de rente annuelle sur le grand terrage de Lenharrée et trois setiers de seigle sur le four banal dudit lieu pour la somme de 120 livres de petits tournois par an.

A touz cels qui verront et orront ces présentes lettres, ie, *Girarz de Manci*, chevaliers, bailliz mon seigneur de *Chastiau* [*vil*]*ain* en sa terre de *Champaigne* et de *Brie*, fais savoir que par devant mon seigneur *Doumanche*, chenoine de Pleerre et *Girart* dit *Loquin*, bourgois de ce meisme leu, jurez et proprement establiz à ce faire de par mon seigneur eu la chastelerie de *Pleerre*, furent en propres personnes épéciaument pour ceste chose *Ogiers*, filz mon seigneur *Jacque d'Oigne*, chevalier, et damoisele *Nichole*, sa fame, recongnurent de leur bonnes voulentez, senz force, que il ont vendu en non de pure et de parfaite vendue, à touz iourz, senz jamais rapeler, à religieuses fames l'abbeesse et le couvent de l'église *Nostre Dame dou Jardin lez Pleerre* et à leur église environ quarante et deus setiers de blef de rente chascun an, par moitié soigle et avoine, à la mesure de *Pleerre*, seur le grant terrage de *Lanhari* et trois setiers de soigle, à la valeur des meilleurs, de rente chascun an à la mesure de *Pleerre*, seur le four benel de ladite vile de *Lanhari*, li quiex terrages et li quiex fourz muevent des fiez mon seigneur dou chastel de *Pleerre*, par le pris et par la somme de sis vinz livres de tournois petiz, des quiex deniers li diz *Ogiers* et damoisele *Nichole* sa fame se sont tenu pour bien paié des dites religieuses en bonne mounoie bien contée et bien nombrée, et les en ont clamées quites à touz iourz par devant les diz iurez. Et ont proumis pour aus et pour leur hoirs li diz *Ogiers* et damoisele *Nichole*, sa fame, par la foi de leur cors bailliée en la main des diz iurez, que il la vendue dessus dite ne rapeleront ne ne feront rapeler, ne-n'empê-cheront ne ne feront empêchier par aus ne par autrui; et se il ave-noit que par aucun empechement qui pourroit estre mis en la vendue dessus dite ou temps à venir, les dites religieuses ou leur église en-courussent ou aussent ceulz depperz ou demaches, lidi vendeeur ou leur hoir les leur rendrient et restablirient, des quiex ceulz depperz ou demaches se aucun en i avoit, les dites religieuses ou li porterres de ces lettres seroit creuz par son serement senz autres prueves avant traire. Et pour la vendue dessus dite mialz asseurer

et pour plus fermement tenir, lidit vendeeur en ont obligié et aban-
donné en la main des dites religieuses et do leur église touz leur
biens et les biens de leurs hoirs, muebles et non muebles, présenz
et à venir, à penre et à lever, à vendre et à despendre par la jous-
tice mon seigneur coume de chose recongneue et adiugiée en sa
court, se ainsius estoit que les dites religieuses aussent aucun empechement ou aucun coustemant en la vendue dessus dite par aus ne
par autrui. Et ont renoncié expressement, en ce fait, pour aus et
pour leur hoirs, lidit vendeeur à touz privilèges de croiz prinse et
à penre, à toutes bourgoisies et franchises dou roi de *France* et
d'autres princes, à toutes grâces et indulgences de l'apostolo et
d'autres princes, à toutes exceptions de decevence, outre la moitié
dou droit pris et au droit qui dit que *généraus obligacions et généraus renonciacions ne sont mie de valeur* et à toutes autres exceptions de droit et de fait qui au diz vendeeurs ou à leur hoirs pourroient aidier et valoir et aus dites religieuses ou à leur église nuire
et grever en ce fait. Et épéciaument ladite damoisele *Nichole* a renoncié en la vendue dessus dite, par la foi de son cors bailliée en la
main des diz iurez, à touz bénéfices de douaire, d'avourie et de
don de noces. Ou tesmoignage de laquele chose, ie, li diz bailliz ai
scellé ces présentes lettres dou scel de la baillie dessus dite et de
mon propre scel en contre-scel, à la requeste des diz vendeeurs, par
la relacion et par le tesmoignage des diz iurez, sauf le droit mon
seigneur et l'autrui en toutes choses. Ce fu fait et acordé présenz
mestre *Jehan* dit *Frutié* et *Robert de la Chauciée*, clerc, en l'an de
grâce mil deus cenz quatre vinz et dis et nuef, ou mois de mai.

(Or., B. N., Coll. Champ., 151, p. 34.)

25. — 1316, 9 février. — Jeannin, dit Mores, de Coi-
zard, et Jeannette, sa femme, donnent à l'abbaye du Jardin
une masure et son courtil sis à Vert, moyennant la somme
de vingt-cinq sous.

A touz ceulz qui ces présentes lettres verront et orront *Jehans de
la Chambre*, doyens de Saint Jehan de *Vertus*, garde dou scel de
de (*sic*) la prevosté de *Vertus*, salut. Saychent tuit que par devant
Pierre Reste, de *Vertus*, clerc iuré nostre sire lou Roy et proprement establi à co faire en la chastelerie de *Vertus*, appellé aveuc
li *Jehannin* dit *Loste*, de *Vertus*, clerc... vinrent en propres personnes
espéciaument pour ceste chose *Jehannins*, diz *Mores*, de *Coyrart* et
Jehannette sa fame. Et recognurent de leurs bonnes volentez, sens

force, que ils ont donné, quitté et octroyé à tous iours à religieuses dames l'abbesse et le couvent dou *Jardin* delez *Pleurre*, en recompensation et en rémunération des grans biens que les dictes religieuses leur ont fais ou temps passé et font de iour en iour, et espéciaument pour cause de vint et cinc soulz que les dictes religieuses ont donoé au dessus diz *Morel* et sa fame, c'est assavoir une masure, le seurfet de la dicte masure, le courtil de ladicte masure et une fosse appartenant de la dicte masure, tenant de la maison la fille *La Milarde* d'une part et de la maison de ladicte esglise d'autre part, séens en la ville de *Ver*. Et promistrent, lidit *Jehans Moriaus* et sa fame, par leurs fois données corporelment en la main doudit iuré et sus l'obbligation et l'abbendonnement de tous leurs biens et des biens de leur hoirs, meubles et non meubles, présens et advenir, où que il soyent et pourroyent estre trouvé, les quiex il ont soubmis et obbligiez quant à ce en la iuridicion dou Roy nostre siguour et de sa gent pour penre, vendre et despendre que il contre cest dit don, octroy et convenences dessus dictes ne yront, ne venront, ne feront venir par eulz ne par autres en tout le temps à advenir, mais en bonne foy ledit don, octroy et convenences dessus *dites* tenront, garderont, acompliront, delivreront et deffendront au dictes religieuses et à ceulz qui de elles auront cause envers *tous et contre tous*, en iugement et hors de iugement, à leurs propres cous et despens, sus poinne et restitution de tous cous, despens et dommages que les dictes religieuses ou li porterres de ces lettres pourroyent avoir ou encourre par deffaut doudit don non tenu en la menière que dessus est dit, des quiex tous donmages et despens li porterres de ces lettres seroit creus par son simple sarement, sens faire autre prenve. Et en ont renoncié lidiz *Jehans Moriaus* et sa fame, en ce fet, au privilège de la crouix prinse et à penre, à toute frenchise et bourgoysie dou Roy de France et d'autre prince, au droit disent *général renonciation non valoir* et à toutes autres choses de fet et de droit qui en ce cas leur pourroient et devroient aidier et au dictes religieuses ou au porteur de ces lettres nuire. En tesmoing de la quel chose, par le rapport doudit iuré, nous doyens dessus diz, avons seellées ces lettres dou seel de la dicte prevosté, sauf le droit nostre signour lou Roy et l'autruy. Ce fu fet, présens *Martin de Cernoul* et *Jehannin Herbelin dou Mesnil*, le lundi après la Chendeleur, l'an de grâce mil trois cens et seze.

(Or., B. N., Coll. Champ., 151, p. 39.)

26. — 1403, février, Paris. — Louis de France, duc
d'Orléans, vidime et approuve des lettres données à Citeaux,
le 14 septembre 1403, par lesquelles Jacques, abbé de
Citeaux et le Chapitre général de l'Ordre unissent l'abbaye
de Notre-Dame du Jardin à celle de Jouy.

(Ed., *Gallia christiana*, T. XII, Instrumenta, col. 294, D.)

TABLE DES NOMS DE PERSONNES[1]

A

Adam, dictus *Fruytie Marguee*, 22.
Adam, nepos Johannis militis, 13.
Agnes, dame de Plancy, 16.

B

Berengaria, uxor domini Brecarum, 4.
Blancha, regina Navarre, 22, 23.
Bordinus, 22.

C

Coletus, dictus *Chevalier*, 22.
Coletus, dictus *Frogier*, 11.

D

Doumanche, chenoine de Picerre, 24.
Drouetus, 22.

G

G.., decanus Xristianitatis Sezannie, 11.
Galterus de Oingoya, armiger, 22.
Galterus de Prie, clericus, 2.
Garnerus de Lyee, presbyter, 22.
Gaucher de Puiz, escuier, 12.
Gauchiers, chastelains de Noion, 15.
Gauchiers de Carnay, chevalier, 15.
Gautiers, abbés des Planches, 15.
Gileçon, 18.
Girart, dit *Loquin*, 24.
Girarz de Manci, chevalier, 24.
Guido de Charneio, 5.
Guillaume de..., 19.
Guillemus de Courcellis, 22.
Guillemus de Noytello, canonicus, 22, 23.
Guillemus de Medunta, canonicus, 22, 23.
Guiz de Loen, chevalier, 8.

H

Hardoinus Hernaudi de Brecis, 11.
Huos, chevalier, sire de Covlane, 9.
Hues de Foux, 16.
Hugo, dominus Brecarum, 3, 4.
Hugo, miles, dominus de Couflans, 6.

I

Isabellis, uxor Johannis militis, 13.

J

Jacobus, miles, dominus Planciaci, 5.
Jacque d'Oigne, chevalier, 24.
Jacques de Villiers, 9.
Jehan de Courgançon, escuier, 19.
Jehan de la Motte, presbtre, 9.
Jehan dit *Frutié*, 24.
Jehanne, femme de Jehan de Châteauvillain, 17.
Jehanne, royne de France et de Navarre, 16.
Jehannet, Jehannez (les hoirs), 12.
Jehannette, femme de Jehannins, dit *Mores*, 25.
Jehannin, dit *Loste*, clerc, 25.
Jehannin Herbelin dou Mesnil, 25.
Jehannins, Jehans, dit *Mores*, *Morel*, *Moriaus*, 25.
Jehans de la Chambre, 25.
Jehanz de Broies, sires d'Alemenz, 21.
Jehanz, sires de Chatiauvillain, 12, 17, 20, 21, 24.
Jeubers diz Bigoz de Longueville, 16.
Johanna, uxor Johannis Castrivillani, 7.
Johannes, 10.
Johannes, castellanus Noviomensis, 7.
Johannes de Courgançon, 22.
Johannes de Losia, Losya, 7.

---

[1] Les numéros de renvoi correspondent à ceux des chartes.

TABLE DES NOMS DE LIEUX[1]

---

[1] Les numéros de renvoi correspondent à ceux des chartes.

Original en couleur

NF Z 43-120-8